AF340935

DECLARATION
DV ROY EN FAVEVR
des Suisses, pour l'acquit de ce qui leur est deub par sa Majesté.

A PARIS,

Par PIERRE ROCOLET, P. METTAYER, &
A. ESTIENE, Imprimeurs ordinaires du Roy.

Au Palais, en la Gallerie des Prisonniers, aux Armes du Roy & de la Ville.

M. DC. XXXVI.
Auec Priuilege de sa Majesté.

(5)

LOVIS par la grace de Dieu, Roy de France & de Nauarre, A tous ceux qui ces presentes Lettres verront, Salut; Nous auons auec grand regret discontinüé de faire payer par chacun an aux Colonels, Cappitaines, & gens de guerre de la nation Suisse, les sommes que le feu Roy nostre tres-honnoré Seigneur & Pere leur auoit ordonnées en desduction de ce qui leur est deub, tant en principal qu'interests, dont ils ont côtracts & obligations, à cause des excessiues despenses que nous sommes contraints de supporter depuis plusieurs années pour l'entretenement de diuerses armées dedans & dehors

A ij

noſtre Royaume. Ce qui nous a em-
peſché de pourueoir des deniers de
noſtre Eſpargne au payement deſdites debtes, & nous a fait rechercher
auec ſoin des moyens qui nous peuſ-
ſent apporter de l'vtilité ſans charger
nos ſubjets pour donner contente-
ment auſdits Suiſſes, à fin de leur teſ-
moigner meſmes dans la neceſſité de
nos affaires noſtre bonne volonté en-
uers eux, & leur faire cognoiſtre, à l'i-
mitation de nos Predeceſſeurs, que
nous faiſons vne eſtime fort particu-
liere de leur Alliance : Ce qui fait que
nous auós ouy auec vn ſingulier plai-
ſir la propoſition qui nous a eſté faite
par noſtre bien amé Iean Milleton,
des moyens qu'il a trouuez pour le
bien & aduantage deſdits Suiſſes & de
leurs Alliez, pour le payemét de leurs

debtes, & desirans leur continüer nostre affection, & de leur pouruoir sur
les memoires & propositions dudit
Milleton; Lesquels apres auoir esté
veus & examinez en nostre Conseil, y
ont esté trouuez justes & raisonna-
bles pour le bien commun de nos Alliez de ladite Nation. A CES CAVSES,
de l'aduis de nostredit Conseil, & de
nostre certaine science, pleine puis-
sance & autorité Royale, Nous auons
dit & declaré, disons & declarons par
ces presentes signées de nostre main,
Que nos vouloir & intention est, que
les Cantons de ladite nation Suisse estans en nostre alliance, tant en
general qu'en particulier, tant & si
longuement que ladite alliance de-
meurera en estat, & jusques à leur en-
tier remboursement du principal &

A iij

interest, puissent tirer ou faire tirer dans les Salines de Peccais, Berre, & autres de Languedoc & Prouence, iusques à la quantité de deux cents mil minots de sel par chacun an, ou plus grád nombre s'ils en ont besoin, pour la fourniture de leurs Alliez & de leurs Pays; Laquelle traicte sera franche & quitte de tous peages qui pourront pour ce nous appartenir depuis lesdites Salines jusques au lieu de où ils entendent faire leur descente, soit par eau ou par terre, à la reserue des voictures qu'ils seront tenus de faire à leurs frais & despens. Et pour cét effet nous enjoignons aux proprietaires desdites Salines & Marchands, de leur deliurer ledit sel à la mesme mesure, & au mesme prix que nos Adjudicataires &

Fournisseurs l'acheptent desdits proprietaires, sans le pouuoir vendre da-
uantage ausdits Suisses, leurs Alliez,
Procureurs, ou autres ayans charge
d'eux, à peine de concussion; à la charge que lors de la deliurance dudit sel,
lesdits Suisses & leurs Alliez seront
tenus de payer pour nostre droict de
Gabelle, & à desduire sur les sommes
que nous leur deuós, à raison de quatre liures pour chacun minot de sel.
Et outre seront tenus de payer com-
ptát dix sols aussi pour chacun minot,
és mains de ceux qui seront par nous
Commis à cét effet, pour estre lesdits
dix sols employez, selon & ainsi qu'il
est porté par l'Arrest de nostre Conseil du   jour de
dernier, pour estre ledit nombre de
sel qui leur sera deliuré par chacun

an, defduit & rabattu fur ce que nous
leur debuons, fuiuant la liquidation
de leurs debtes que nous ferons faire
par les Commiffaires qui feront par
nous deputez: voulás qu'au lieu d'ar-
gent comptant ceux qui feront par
nous Commis à ladite recepte, pren-
nent & reçoiuent en payement les
Ordonnances defdits Commiffaires,
auec les endoffemens & quittances
furetanmoins de leurfdites debtes, en
noftre acquit & defcharge fur le pied,
de quatre liures pour chacun minot
de fel; à fçauoir moitié fur le principal, & l'autre moitié fur les interefts.
Et dautant que les Fermiers de nos
Gabelles de Languedoc & Prouence
pourroient reçeuoir du prejudice en
la traite dudit fel, par le moyen de l'a-
bus que pourroient commettre ceux
qui

qui en feront les conduites, en reſpã-
dant en l'eſtenduë de leurs fermes
partie de celuy qui ſera tiré deſdites
Salines de Peccais, Berre, ou autres,
Nous entendons qu'il leur ſoit loiſi-
ble de mettre des Commis és lieux
qu'ils jugeront à propos, pour auoir
l'œil ſur les Voicturiers & autres qui
auront charge deſdits Suiſſes, tant aux
lieux où ſe feront les chargemens,
qu'audit lieu de
pour eſtre preſens & aſsiſter aux deſ-
centes dudit ſel, qui leur ſera deliuré
eſdits lieux de Peccais, Berre, & autres
endroits, en des ſacs qu'ils fournirõt,
leſquels ſeront peſez & cachetez par
les Commis & ayans charge deſdits
Fermiers, pour eſtre reçeus en la meſme forme & du meſme poids audit
lieu de   à fin d'empeſ-

B

cher qu'il ne foit abufé de ladite traite : Et en cas d'abus nous voulons ledit fel eftre confifqué fur ceux qui auront commis le delict & fraude, fuiuant les jugemens qui en feront ren-
dus par lefdits Commiffaires. Et pour
faciliter ladite traite, nous leur auós
accordé les claufes, articles & conditions qui enfuiuent; à fçauoir

Que nous permettons aufdits Suif-
fes prendre la quantité de fel cy-def-
fus, & aux conditions fufdites de tels
Proprietaires qu'ils voudront, tant
aufdites Salines, de Peccais & Berre,
qu'aux autres defdits lieux de Proué-
ce & Láguedoc, fans obferuer le tour
de Roolle, nonobftant les contracts
qui peuuent auoir efté paffez auec
lefdits Proprietaires.

Nous enjoignons aux Gardes, Contregardes, & tous autres Officiers des Salines où lesdits Suisses prendront leur sel, de promptement & sans aucun delay charger ou faire charger à la premiere requisition des Patrons & Voicturiers, la quantité de sel qui sera contenuë és lettres de chargemens & ordonnances des Commissaires qui seront par nous deputez pour la liquidation des debtes desdits Suisses, nonobstant qu'ils n'ayent la permission ou attache des Tresoriers Generaux de France, dont nous les auõs dispensez ; ensemble des espices & droicts qu'ils pourroient pretendre; mesmes les exéptons de tous droicts de Gabelles autres que ceux cy-deuát exprimez, de toutes creües, parisis, impositions tant ordinaires qu'extra-

ordinaires, peages Royaux, droict de
blanque & de septain, & de tous autres droicts generalement quelsconques mis & à mettre, tant esdites Salines que le long de la Riuiere du Rosne, conformement à l'article cinquié-
me du bail general de la Ferme des
Gabelles de Languedoc & Lyonnois,
par nous fait à Iean Riquier le pre-
mier Iuillet mil six cents trente-cinq,
& celuy aussi fait de nos Gabelles de
Dauphiné & Prouence, des huit deniers pour minot, pour les peages qui
se leuent à Rocquemaure, Anconne,
& la Voute; vn sol pour minot à la
Patte de Roussillon, dit S. Rambert;
huit deniers pour minot de la Gabelle
Delphinalle qui se paye à Romans;
du sol pour minot à cause du Ponto-
nage de Vienne; quatre deniers pour

minot au Port Danthon; vn denier &
demy au Chasteau de Vitrieu; trois
deniers pour minot à Balmes; & vn
denier & demy pour minot à launa-
ge, auec deffences aux Proprietaires
de les exiger, conformément à l'arrest du   jour de
mil six cents trente-trois.

Outre laquelle quantité de sel por-
tée par les lettres des chargemés des
Commissaires susdits, sera enjoinct
ausdits Gardes, Contre gardes, & autres Officiers desdites Salines, de faire charger le dechet ordinaire, qui est
à raison de quatre pour cent, en payát
le sel aux Proprietaires aux prix qu'ils
ont accoustumé de le vendre aux ad-
judicataires de nos Gabelles.

S'il arriuoit naufrage où perte dudit sel sur la Riuiere du Rosne apres
deuë verification faite par les Officiers des lieux les plus proches, les
Gardes, Contre-gardes, & autres Officiers desdites Salines en ferót charger pareille quantité qui aura esté
perduë au naufrage, franche & exem-
pte de tous droicts & peages, ainsi
qu'il est accoustumé de toute ancien-
neté.

Les Peages, Sesterages, & autres
droicts qu'on a accoustumé prendre
sur ledit sel, se leueront en deniers
comptans, suiuant la reduction & ar-
rests, ainsi que nosdits adjudicataires
ou leurs Voicturiers ont accoustumé
de les payer, mesmes aux Cóseigneurs
des peages d'Auignon & Principauté

Dorange,à raiſon de trois liures pour muid,au lieu du minot qui ſe prenoit en eſſence de ſel ſur chacun muid.

Pour le regard de la Leande des Comtes de S. Iean de Lyon , attendu que nous leur faiſons diſtribuer par chacun an par noſdits fermiers & ad-judicataires , la quantité de quatre-vingts ſeize minots de ſel pour tous droicts de ladite Leande; leſdits Suiſ-ſes ſeront exẽpts de payer icelle pour tout le ſel qui leur ſera deliuré.

Permettons auſdits Suiſſes faire fai-re la voicture de leur ſel par ceux que bon leur ſemblera, ou qui leur en fe-ront la condition meilleure ſans eſtre abſtraints à aucunes formalitez.

Toutes choses pour la voicture &
commerce desdits sels, comme bleds,
vins, foings, auoines, & autres choses,
seruans pour la nourriture des hómes
& cheuaux, pour la conduitte desdits
sels, toilles, chanvres, cordages, sac-
querie, fustaille, bois marin, ou de sa-
pin, & cercles pour faire tonneaux à
mettre & porter le sel & autres choses
necessaires au tirage d'iceluy, passeróc
& seront fráches & exemptes de toutes peages, doüanes & impositions, &
autres droicts generalement quelsconques, tant en montant que des-
cendant; mesmes les Barques seruans
audit tirage ne payeront aucune chose, sous pretexte de soulage ou autrement, auec deffences aux Peagers ou
proprietaires desdits peages, d'arre-
ster plus d'vne heure lesdites barques,

ques, tant en montant que descen-
dant, passé laquelle pourront les Voicturiers s'en aller & faire leur voyage,
à peine de tous despens, dommages
& interests, tant du séjour qu'autrement.

2 Permettons en outre ausdits Suisses de bastir ou establir vn ou plusieurs magasins & entre-posts au lieu
de Scessel ou Regonfle, pour y des-
charger & entreposer le sel que leurs
Voicturiers leur apporteront, pour
de là le faire conduire hors du Royaume, y establir tel nombre de Commis
qu'ils aduiseront, mesmes aux Salines
où ils prendront le sel, tant pour en
faire faire les chargemens que deschargemens d'iceluy, pour faire char-
royer lequel sel dans les barques, ou

C

en faire les deschargemens dans les
susdits entre-posts, où il leur sera aussi
permis commettre telles personnes
que bon leur semblera.

Que conformément à l'article soi-
xante & douziéme du bail des Fermiers des Gabelles de Languedoc &
Lyonnois , ne sera permis à aucun
prendre & saisir le Bestial seruant à la
voiture & tirage dudit sel, sous quelque pretexte que ce soit, à fin que ladite voiture soit plus libre.

Que toutes personnes cómises par
lesdits Suisses ou leurs Procureurs,
pour le mesurage, chargement, des-
chargement & conduitte dudit sel,
leurs barques, cheuaux, charrettes, &
autres choses necessaires pour ladite

voicture, seront sous la sauuegarde du
Roy, auec deffences aux Gouuerneurs
des Prouinçes, Villes, Maires, Consuls
& Escheuins des Communautez, Officiers, & tous autres, de donner aucun trouble ny empeschement aux ti-
rages & passages desdits sels, moins
d'exiger ny prendre aucunes creües,
charges & impositions sur ledit sel, en
quelque sorte & sous quelque pretexte que ce soit, à peine de tous despés,
dommages & interests, tant du sejour
qu'autrement; mesmes aux soldats de
la garnison de Peccais & tous autres,
de se mesler directement ou indire-
ctement des chargemens desdits sels,
empescher le passage des Barques, soit
en allant charger ou reuenant, ny d'e-
xiger aucune chose des Patrons &
Mariniers, à peine de punition corpo-
relle.

C ij

Qu'en cas de contrauention pour
raison du contenu en la presente de-
claration, circonstance & deppendan-
ce concernant lesdits Suisses, tous les
differends qui interuiendront seront
jugez & terminez par les sieurs Commissaires à ce par nous deputez, auec
deffences à autres de nos Iuges d'en
prendre cognoissance: SI DONNONS
EN MANDEMENT à nos amez & feaux
Cõseillers, les Gens tenans nos Cours
des Comptes, Aydes & Finances en
Languedoc & Prouence, Presidens &
Tresoriers Generaux de France, des
Bureaux establis esdits lieux chatun
endroict soy, que ces presentes ils ayét
à faire registrer, icelles faire garder &
obseruer de poinct en poinct, selon
leur forme & teneur, sans permettre
qu'il y soit contreuenu en aucune sor-

te & maniere que ce soit, nonobstant oppositions ou appellations quelsconques, pour lesquelles & sans prejudice d'icelles ne voulons estre differé; Car tel est nostre plaisir. DONNE' à Paris le vingtiéme jour de Iuillet, l'an de grace mil six cents trente-six. Et de nostre regne le vingt-septiéme. Signé, LOVIS. Et plus bas, Par le Roy, BOVTHILLIER. Et séellé du grand séau de cire jaune. Et contre-séellé.

Collationné à l'original par moy Conseiller Secretaire du Roy & de ses Finances.

www.ingramcontent.com/pod-product-compliance
Lightning Source LLC
LaVergne TN
LVHW010240060726
842519LV00014B/1350